ME QUIERO
casar

Mayte Solís

ME QUIERO casar

Copyright © 2025 Mayte Solís. Todos los derechos reservados.
Todas las citas bíblicas utilizadas en esta obra provienen de la Biblia Reina-Valera 1960.

Queda prohibida la reproducción, almacenamiento o transmisión de cualquier parte de esta publicación en cualquier forma o por cualquier medio sin el permiso expreso de Hola Publishing Internacional.

Las opiniones expresadas en este libro son exclusivamente del autor y no representan necesariamente las políticas o la posición oficial de Hola Publishing Internacional.

En la creación de este texto no se utilizó ninguna forma de inteligencia artificial generativa. El autor prohíbe expresamente el uso de esta obra para entrenar tecnologías de IA con el fin de crear otras obras, incluyendo, pero no limitado a, aquellas capaces de generar contenidos de estilo o género similar.

Hola Publishing Internacional
Eugenio Sue 79, int. 4, Col. Polanco
Miguel Hidalgo, C.P. 11550
Ciudad de México, México

Primera edición, diciembre 2025
ISBN: 978-1-63765-867-3

Los contenidos de este libro se ofrecen únicamente con fines informativos. Todos los nombres, personajes, negocios, lugares, eventos e incidentes son ficticios. Cualquier semejanza con personas reales, vivas o fallecidas, o con eventos reales, es pura coincidencia.

Hola Publishing Internacional es una editorial híbrida comprometida a ayudar a autores de todo tipo a alcanzar sus metas de publicación, ofreciendo una amplia variedad de servicios. No publicamos contenido que sea política, religiosa o socialmente irrespetuoso, ni material sexualmente explícito. Si estás interesado en publicar un libro, visita www.holapublishing.com para más detalles.

*A los padres de familia que buscan aconsejar a sus
hijos en lo relativo al noviazgo, el matrimonio
y la formación de una nueva familia.*

NOTA DE LA AUTORA

Se reitera que este libro fue creado desde la pasión por enseñar y ayudar, y las opiniones expresadas en este vienen desde mi experiencia como esposa y madre. Ninguno de los consejos, opiniones o datos expresados aquí pretenden suplir ningún tipo de terapia profesional, conocimiento académico o dato comprobado, ni deberán jugar papel dentro de la salud mental del lector.

ÍNDICE

NOTA DE LA AUTORA	11
INTRODUCCIÓN	15
CAPÍTULO 1 Qué necesito para casarme	18
CAPÍTULO 2 Salud en el noviazgo y el matrimonio	30
CAPÍTULO 3 La nueva familia	78
CAPÍTULO 4 El hogar	90
MATERIALES EXTRA	107
MATERIAL DE APOYO PARA CAPÍTULO 1 Qué necesito para casarme	109
MATERIAL DE APOYO PARA CAPÍTULO 2 Salud del matrimonio	117

MATERIAL DE APOYO PARA CAPÍTULO 3 121
La nueva familia

MATERIAL DE APOYO PARA CAPÍTULO 4 125
El hogar

EPÍLOGO 143

AGRADECIMIENTOS 145

INTRODUCCIÓN

Este libro está dirigido a quienes van a casarse, a padres, a grupos de jóvenes de diferentes iglesias, y a las personas que estén buscando una guía para formar un nuevo hogar o mejorar el que ya tienen, si ya están casados. Es un breve compendio que habla sobre el matrimonio y los temas en torno a este. Si quieres más información, puedes encontrarla en otros libros, en internet, o conversando con familiares más experimentados. Es también una guía para formar un nuevo hogar, que toca brevemente temas domésticos y propone ejercicios interactivos fáciles y divertidos.

"Me quiero casar" es la frase más importante que decimos en la vida, por eso este libro lleva la frase por título. En sus páginas encontrarás vivencias, consejos, y grandes sorpresas que ni siquiera imaginas que se pueden vivir dentro de un matrimonio, pues su propósito es preparar a los futuros esposos para alcanzar el éxito en su nueva vida.

¿Qué encontraras en el interior del libro? Cómo construir un buen noviazgo, recomendaciones para antes de la boda, yugo desigual, abuso narcisista, herramientas para preparar la recepción de boda, listado de necesidades para después de la boda, maneras de empezar un nuevo hogar, juegos interactivos, tips de convivencia con los suegros, y muchas sorpresas más.

¡Bienvenidos al mundo del matrimonio!

CAPÍTULO 1

Qué necesito para casarme

Cómo elegir a la persona correcta

*E*legir a nuestra compañera o compañero de vida es, tal vez, la decisión más grande que tomaremos en la vida. Tu pareja es quien vivirá contigo en la misma casa y compartirás con ella espacios y recursos; dormirás con ella y lo más probable es que pasen el resto de sus vidas juntos. Encontrar una buena pareja no es cuestión de suerte, es cuestión de saber elegir.

En primer lugar, tenemos que pensar en qué buscamos, qué perfil necesita tener nuestra pareja ideal (por ejemplo, si busco a alguien intelectual iré a bibliotecas, escuelas, museos; si me gustan los deportes, buscaré en estadios, torneos; si quiero a alguien religioso, entonces iré a iglesias, retiros espirituales; si quiero a alguien rico, buscaré convivir en empresas, bancos, congresos). Necesitamos pensar en las cualidades que tenemos nosotros y en las que buscamos en una posible pareja.

¿Cómo puedo yo ser la persona correcta? Lo primero que tienes que cuidar es tu imagen, ya que con ello levantas tu autoestima. La autoimagen es la manera en que te ves y te presentas físicamente: si te aceptas como eres, si reconoces tu propio valor, etc.

A continuación hay doce pasos para lograr ser la persona correcta para ti y para los demás:

1. Cree en ti (tú puedes).

2. Persiste; enfócate en tus metas.

3. Reconoce tus errores. Si te caes, levántate.

4. Pide ayuda a amigos, maestros y familiares.

5. No hagas caso a las críticas.

6. No busques aprobación externa, con la tuya es suficiente.

7. No busques perfección ni en ti ni en los demás.

8. Recuerda y cuenta tus logros.

9. Si te equivocas, vuelve a intentar.

10. Cambia lo negativo a positivo.

11. Perdona para que te perdonen.

12. Repite cada día, "Soy un triunfador".

Con estos doce pasos serás la mejor versión de ti, y al conseguirlo la ley de la atracción hará llegar a ti a la persona correcta para tu vida.

Cuando somos solteros, lo primero que vemos en una persona es si nos gusta, si sentimos la chispa, la ilusión, el enamoramiento y todo eso es muy hermoso, pero necesitamos pensar con la razón después de sentir con el corazón. Después del flechazo, debemos hacernos las siguientes preguntas: ¿quién es?, ¿de dónde viene?, ¿quiénes son sus padres? ¿de qué religión es?, ¿nos podremos adaptar? Para respondernos hay que investigar y ser honestos con nosotros mismos. Una vez que analicemos las respuestas, ya podemos tomar la decisión.

Esto es a lo que se refieren cuando nos piden que pensemos si somos "compatibles"; se refiere a nuestras capacidad de vivir en armonía con la pareja, tener metas en común o planes de vida parecidos. Que si la chica es defensora de los animales y el chico cazador, que si el chico quiere vivir en México y la chica en Rusia, en todo esto tenemos que pensar.

Cuando decidas casarte, no lo hagas porque te lo piden tus padres o tu iglesia, o porque todos tus amigos se están casando; es tu decisión, es tu vida. Elige desde tu libertad y pregúntate por qué quieres compartir tus sueños, ilusiones, y tu maravillosa persona, y cómo le harás para que los dos alcancen la felicidad.

Recuerdo la frase que alguna de mis psicólogas me recitó: "Aunque estén casados, vivan como dos solteros que comparten su vida".

El noviazgo

El noviazgo es el periodo en el que la pareja se conoce y se prepara para formar un nuevo hogar. Aunque no es un compromiso ante la ley, es un compromiso entre dos personas, por lo cual se debe tomar en serio y respetar. En tiempos pasados, los noviazgos eran diferentes a como son en la actualidad, para tener un noviazgo se tenía que pedir permiso a los papás y ellos eran quienes establecían las reglas del noviazgo.

A veces no sabemos dónde es más recomendable encontrar una pareja que se pueda convertir en la amiga, amigo, esposo, esposa, padre, madre con la cual formar un nuevo hogar. Los mejores lugares para encontrar personas con estas características pueden ser escuelas, bibliotecas, iglesias, centros deportivos o lugares afines a estos.

¿Cuál es la edad para tener novio o novia? Pues, como ya vimos, el noviazgo sí es un compromiso entre dos personas, por lo tanto, cuando nuestros hijos o los mismos novios se sientan preparados para formar este nuevo hogar, ese es el momento para tener un novio o novia. Antes el joven necesitaba un trabajo y una casa, ya fuera rentada o propia, de acuerdo con su situación económica, y la joven ya debía saber cocinar y tener conocimiento básico de lo que es llevar un hogar, pero en la actualidad estos dos roles se comparten. La pareja debe ponerse de acuerdo en qué roles cumplirá cada uno.

El noviazgo no es para divertirse ni para pasar el rato, es un periodo de tiempo donde las personas se conocen y se preparan para formar un nuevo hogar. El noviazgo entre menores de dieciocho años no es muy recomendable porque todavía no pueden cumplir con los requisitos; pueden tener amigos, pueden salir a pasear, pero como amigos. Cuando es noviazgo, es una preparación para casarse.

Es el periodo más hermoso de la vida de cualquier persona, es cuando conocemos el amor, soñamos y vemos la vida color de rosa. Es importante vivir esta etapa, ya que será el recuerdo de la misma el que nos ayude cuando en el futuro enfrentemos problemas. ¡Vivan un noviazgo feliz!

El anillo de promesa y el anillo de compromiso

El anillo de promesa algunas personas no lo dan, pero es importante entregarlo o recibirlo una vez que el noviazgo se formaliza. Es bonito recordar esa fecha en la que te entregaron o en la que tú entregaste la promesa de estar juntos por siempre.

El anillo de compromiso se da después de un tiempo, cuando ambos están listos para pensar en la boda. Darlo y que se reciba es la forma de establecer el compromiso de casarse. Así, de novios pasan a prometidos.

Los anillos no tienen que ser costosos, pueden ser sencillos, pues lo importante es lo que representan.

La pedida de mano

Se puede pedir la mano antes de haber elegido una fecha para la boda y ser esta la reunión en la que se acuerda la fecha. También se usa el ya saber la fecha y comunicarla en la reunión.

Por tradición, se hacía en casa de la novia, pero ahora ya se puede hacer en un centro de reuniones o en un restaurante. En esta reunión los novios hablan de sus planes, el novio pide formalmente el consentimiento de los padres de la chica para casarse, y, si los padres no conocen bien al novio, le piden más información sobre sí mismo y su familia. De ser posible, asisten los padres del novio, los de la novia, y los novios. Si por causas de fuerza mayor alguno de los padres no puede acudir, puede mandar a un representante como un tutor, hermano mayor, tío, abuelo, etc.

Todos estos pasos son importantes y la reunión no necesita de mucho presupuesto, puede hacerse con lo que se tiene. Esta será su historia y será bella, todo lo bello queda en la memoria y nos ayuda a vivir en orden y a tener hermosos recuerdos en el álbum familiar.

Preparativos para la ceremonia civil

Solicitud de matrimonio ante un juez del registro civil: Este trámite se hace en el municipio donde se vaya a efectuar la boda

Convenio de régimen patrimonial: Se puede elegir entre separación de bienes, sociedad conyugal o régimen mixto. En la oficialía te explican más acerca de estos convenios.

En México se usa casarse por sociedad conyugal, esto es que los bienes que tenga o vaya a tener la pareja son de los dos por igual. La separación de bienes refiere que las cosas que cada quien tiene antes y durante el matrimonio le pertenecen solamente a uno. Régimen mixto es que algunos bienes sí se comparten y otros no.

Documentación: Copias certificadas de actas de nacimiento, identificaciones oficiales, comprobante de domicilio, etc.

Exámenes prenupciales: Son exámenes de laboratorio para comprobar la salud de los contrayentes.

Testigos: Son dos personas que conozcan a cada uno de los contrayentes y tienen identificación oficial.

Después de la presentación de documentos se acuerda el día, la hora y el lugar del enlace. Si alguno de los contrayentes fuera extranjero, el extranjero debe presentar acta de nacimiento legalizada, pasaporte actualizado, comprobante de estancia legal y situación migratoria.

Boda religiosa: Las instrucciones y requisitos más detallados los dicta la religión a la que pertenecen los contrayentes.

Luna de miel

Para preparar la luna de miel lo primero es reservar el hotel y comprar boletos de avión, ida y vuelta. Hay que juntar los documentos de identificación, pasaporte si van a salir del país, y comprar las maletas necesarias, grandes y pequeñas, ya que las grandes se las lleva el equipaje y las pequeñas puedes llevarlas en la cabina. En tu cabinera lleva dinero medicinas y documentos.

Compra o prepara ropa de acuerdo con el lugar y clima a donde vayan a ir, dinero en efectivo, aunque sea un poco, un pequeño botiquín, cargadores y pilas extra para celular.

¡Feliz viaje!

CAPÍTULO 2

Salud en el noviazgo y el matrimonio

En este capítulo encontrarás desde cómo llevar un buen noviazgo, conocer a tu pareja, socializar, hasta cómo evitar la violencia y tener una vida feliz como matrimonio.

En México, el 14 de febrero se celebra el amor y la amistad, y la atmosfera se llena de armonía, amor y corazones. Se siente la paz por todas partes y es maravilloso que al menos un día al año podamos vivir esa emoción para que se mejore nuestra sociedad. En este día se escuchan mucho las famosas preguntas "¿quieres ser mi novia?", "¿te quieres casar conmigo?", "¿quieres ser mi esposa?" Así tomamos la decisión más importante de nuestra vida y empezamos a soñar con el vestido, los anillos, la fiesta, los regalos, y mil cosas más, pero casi siempre se nos olvida lo que sigue de la luna de miel. Por eso mismo los llevaremos de la mano a través del antes y después de la boda.

Es importante obtener conocimiento sobre cómo se forma un hogar, pues si entran ya sabiendo cosas tendrán menos desafíos y serán más felices. Por lo regular los novios son jóvenes y tienen poca experiencia en cuanto a manejar la limpieza, las finanzas y las relaciones en una nueva familia. Lo primero es la adaptación, pasando esa experiencia donde ya estén de acuerdo en la mayoría de las situaciones nuevas, todo lo demás será fácil.

Algo muy importante: Nunca dejen de buscar ayuda, ya sea en libros, videos y consejos de familiares; nunca se alejen de sus padres. Es verdad que ya están casados, pero nunca dejarán de ser hijos, con sus debidos límites.

Las sugerencias que aquí encontrarán son solo eso, sugerencias; cada pareja forma su hogar de acuerdo con su cultura y creencias, con amor, respeto y creatividad. Cada nueva familia establece sus propias reglas y horarios, lo cual debe ser respetado por los demás.

¡Vivan el maravilloso amor, llenen sus vidas de alegría y aprendan el uno del otro! Cada día vayan haciendo recuerdos, y atesoren los que hicieron durante su noviazgo. Hagan un álbum de fotos físico o digital y dense tiempo de verlo frecuentemente. ¡Felicidades por la decisión de formar una nueva familia!

Cómo tener unidad en el matrimonio

En las religiones, y algunas familias, se dice que cuando una pareja se casa se convierten en uno. En la Biblia, Genesis 2:24, dice: "Por tanto, dejará el hombre a su padre y a su madre, y se unirá a su mujer, y serán una sola carne" (RVR60), esto quiere decir *ser uno*. Algunos psicólogos nos enseñan que las parejas que tienen éxito son las que logran tener unidad, y esto es lo mismo que llegar a ser uno.

¿Y cómo se logra esta unidad? A continuación, dejamos algunas sugerencias:

Tener valores similares: Cuando somos amigos o novios, debemos ver si nos gustan las mismas cosas, si estamos de acuerdo con la misma ideología, religión, cultura, etc. No es que pensemos exactamente igual, pero sí que haya mucha similitud entre nosotros. No piensen que cambiarán a su pareja después del matrimonio, esto no sucede, y casarse con esa idea puede ocasionar serios conflictos.

Dense tiempo para conocerse, salgan a caminar, hagan preguntas; cuando estén juntos no usen celulares, hablen de sus sueños, sus proyectos, sus planes de vida.

Hacer feliz a la pareja: Ya no son dos, ahora son uno. Tienen que pensar en cómo ser felices juntos; a ella le puede gustar un pastelito, unas flores, chocolates, una tarjeta; a él le puede gustar al futbol, escuchar música, una comida especial o una tarjeta. Conózcanse, así sabrán cómo hacerse felices.

Construir confianza: Esto es algo más íntimo. Que una persona te cuente sus secretos, sus traumas, su dolor, no es fácil, pero si logramos ganarnos la confianza de nuestra pareja, eso será de gran ayuda para lograr la unidad.

No debemos hablar mal de nuestra pareja con nadie ni usar sus confidencias para burlarnos o atacar. Cuando tengamos un disgusto, recordemos que somos la misma persona.

Practicar el perdón: "Equivocarse es de humanos, perdonar es divino". Habrá momentos en que el esposo llegue muy molesto, o que cuando él llegue la esposa esté gritando, enojada. Piensen, "algo está pasando aquí", cuenten 5, 4, 3, 2, 1 y pregunten, "¿Qué pasa? ¿Puedo ayudar en algo?" Y si aun así hay ofensas o gritos, recuerden que el enojo dura solo un momento. Necesitamos perdonar, pero si esto es muy frecuente, es una señal de que se necesita ayuda profesional.

La unidad no es un regalo que viene envuelto y con moño, es algo que se trabaja, se cultiva y al final se logra, pero sí se puede alcanzar. Hagan un convenio de nunca dormirse enojados; hablen, dense el perdón, compréndanse: se tienen solo el uno al otro.

Cuando no estén de acuerdo en algo, háblenlo, no piensen que el otro adivina sus pensamientos. No se hagan nunca la ley del hielo, no se dejen de hablar, así no se resuelve nada. Tengan madurez emocional, lleguen a acuerdos que fomenten la unidad.

Ser un equipo: El matrimonio es una unión de cuerpo, de espíritu, alma y emociones, así se llega a ser uno solo y entonces se juega en el mismo equipo. Pónganse la playera de su equipo y eviten meter un autogol.

Para lograr la unidad hay que trabajar, tener paciencia, amor, perdón y mucho compromiso.

¿Cómo podemos ser un mismo equipo? Buscando el bienestar del otro; ejemplo: si llegan del trabajo, los dos vienen cansados, pero qué bonito que uno prepare la mesa y otro cocine; si lavan, uno enjuaga y otro tiende; también en los gastos, hagan su presupuesto por partes iguales.

Practicar la superación personal: Dense tiempo para que juntos vean videos de superación personal, en internet hay muchos que hablan de la unidad familiar. Es importante que los vean juntos, porque es superación y si los ve uno solo él se supera y el otro se queda atrás.

A veces amamos mucho a nuestra pareja, pero tenemos traumas y dolores del pasado y somos violentos sin querer, entonces hay que buscar ayuda profesional, religiosa, o familiar. Necesitamos sanar nuestro pasado, renovar la mente y empezar una vida nueva con nuestra pareja.

Busquen lugares naturales para hablar, plazas, parques (si es posible y seguro). Si viven lejos de lugares naturales, programen un viaje a algún pueblo con naturaleza. Esto es muy importante. Si es seguro el lugar dónde viven, salgan a caminar juntos, a hacer ejercicio, y piensen que es maravilloso tener un compañero o compañera de vida.

Religión: Todas las religiones hablan de lo divino. Si son de la misma religión, qué bien, nunca se olviden de esta en sus vidas, tengan un lugarcito para sus libros sagrados y hagan oración, canten himnos, etc.

Es importante ponerse de acuerdo en este tema si son de diferentes religiones, ya que pronto pueden llegar los hijos y deben tener definido el camino por el cual los van a llevar.

Universo: Si no creen en Dios, deben de saber que hay leyes universales y que el universo es la fuente de vida y la naturaleza es vida. Al pensar en esto también contactamos con lo espiritual y eso nos permite admirar lo bello de la naturaleza, hacernos mejores personas y encontrar la paz.

Infidelidad: Cuando uno se casa no va con la intención de divorciarse, y es que cuando somos novios vemos el alma y somos felices, pero, al pasar el tiempo, tanto hombres como mujeres a veces vemos a alguien que nos atrae y empezamos a pensar cosas que no se deben siquiera pensar. Esto se llama traición, infidelidad, deslealtad y adulterio. "Porque yo os digo, que alguien mire a una mujer para codiciarla, ya ha adulterado con ella en su corazón" (Mateo 5:28).

La infidelidad es algo que destruye hijos y familias completas. Si por alguna razón muy poderosa ya no quieren seguir juntos, háblenlo, nunca se engañen, pues es algo triste y difícil de aguantar.

Cuando estemos casados y un hombre o mujer nos acose, pensemos que detrás de ese rostro hay un monstruo listo para destruirnos: un hombre o mujer decente no se fijaría en alguien casado. Siempre usen su anillo de matrimonio, aunque sea económico, y siempre digan que son casados para evitar el peligro.

Hacer un pequeño jardín: Hacer un jardín es muy bueno para la unidad de pareja. Atiéndalo juntos, miren cómo lo que siembren va creciendo hasta que da flores o frutos. Si no tienen lugar para un jardín entero, pueden tener plantas en dos o cuatro macetas y verlas crecer.

Estas son sugerencias para lograr la unidad en pareja, pero cada matrimonio tiene el derecho y la liberad de poner sus reglas y buscar lo mejor en su vida. No es lo mismo hablarlo que vivirlo. Deseamos que todos los que lean estos consejos tengan un matrimonio de éxito.

La vida de pareja no es fácil porque somos diferentes y pensamos diferente, pero el lazo de amor nos une y despacio logramos la unidad. Solo recuerda que todos somos valiosos, y no estamos solos a la hora de elevar nuestro matrimonio, hay videos, psicólogos, líderes religiosos, familiares, etc. Yo tengo treinta y siete años de casada y hemos vivido muchos desafíos, pero ha sido maravilloso.

Les deseo lo mejor en su nueva vida. Casarse es dejar de ser príncipes para convertirnos en reyes. ¡Ánimo, felicidades!

Para que todos sean uno; como tú, oh Padre, en mí, y yo en ti, que también ellos sean uno en nosotros; para que el mundo crea que tú me enviaste.

La gloria que me diste, yo les he dado, para que sean uno, así como nosotros somos uno. Yo en ellos, y tú en mí, para que sean perfectos en unidad, para que el mundo conozca que tú me enviaste, y que los has amado a ellos como también a mí me has amado.

Juan 17:21-23

El yugo desigual

El amor es maravilloso, pero si es de un solo sentir, no es amor. Hace mucho me dijeron que el amor no es unilateral, y qué razón tenían. Si en una pareja solo uno ama, no podrá resistir el paso del tiempo, pues cuando pasen los días, los meses, los años, la falta de amor se sentirá y hará daño a los dos.

Cuando en una relación somos criticados, nos hablan con desgano, vemos que no hay amor, en fin, no debemos pensar que él o ella cambiará y que un día llegará a amarnos; no sucede porque el corazón de esa persona está ocupado, tal vez solo con un recuerdo, pero está ocupado. Una relación de pareja es para ser feliz, para ayudarse a vivir, para formar una hermosa familia, pero no para vivir peleando. Sí, puede haber diferencias, pero se deben resolver; esto pasa cuando hay amor.

Cuando hay muchas peleas en una relación, se convierte en tóxica y termina mal. Si esto está sucediendo en su vida, busquen ayuda rápido: psicólogos, terapeutas, líderes religiosos, familiares, pero si su relación tiene poco tiempo, mejor encuentren otra pareja.

Tal vez algún día hayan escuchado la frase "no te unas en yugo desigual", esta frase es muy importante, pero primero hay que saber qué es un yugo. Un yugo es una barra de madera que une a dos animales de carga para tirar el arado para sembrar semillas. Por lo regular son bueyes y deben ser del mismo tamaño, porque si son de diferente especie o tamaño se presenta el yugo desigual, ya que uno hala al otro y esto hace que uno de los dos sufra.

En la Biblia hay una referencia en 2 Corintios 6:14 que dice: "No os unáis en yugo desigual con los incrédulos; porque ¿qué compañerismo tiene la justicia con la injusticia? ¿Y qué comunión la luz con las tinieblas?" Esta referencia es para los que son creyentes, pero, aunque no sean creyentes, el yugo desigual se puede dar en lo económico, en lo cultural, y aun en los deportes. Un ejemplo muy entendible es que el agua y el aceite, si los mezclas mucho, parecen juntarse, pero al paso del tiempo se vuelven a separar.

Cuando vayan a elegir su compañero de vida, mediten, investiguen, y si son religiosos oren para saber quién será la persona que los acompañará por el resto de su vida. Si no son religiosos, investiguen, lean, pidan al universo, pero chequen que tengan mucho en común. El matrimonio no es solo la chica bonita o el chico con dinero y carro.

Si eres creyente, hay dos maneras de saber si la persona es la indicada para ti. Una es que ame y respete a Dios, otra que ame a sus padres, ya que un buen hijo será un buen padre. Si no eres creyente, busca que ame la vida, la naturaleza, y también a sus padres, eso señala que es una buena persona.

Recuerda, la pareja se busca para formar una familia, no solo para pasar un buen rato. La naturaleza nos muestra que los animales siempre buscan a una pareja igual, no se unen un elefante y un ratón, o una vaca con un burro, ellos nos recuerdan el dicho "cada oveja con su pareja". Hay mucho que hablar sobre este tema, porque si se casa una pareja dispareja, las consecuencias llegan y son muy tristes para los dos. Los invito a buscar más información, meditar, incluso pedir ayuda profesional.

Felicidades si se van a casar; ánimo si ya están casados.

Nota: si acaso ya están casados en yugo desigual, acérquense a Dios, Él les ayudará, para Él no hay nada imposible. Si no son creyentes, recuerden sus momentos felices, acudan a terapia, y podrán salvar su matrimonio.

Abuso narcisista

A veces, sin querer, estamos envueltos en una relación narcisista. ¿Qué es esto? Esto se refiere al daño que nos hace la pareja que tenemos. Puede ser verbal, emocional, y a veces hasta físico. Este abuso se puede dar tanto en hombres como en mujeres. El abuso narcisista es un tipo de maltrato psicológico y emocional que ocurre cuando una persona con rasgos o trastorno narcisista de la personalidad utiliza estrategias de manipulación para controlar, degradar o confundir a otra persona. Su objetivo es mantener poder, admiración o control sobre la víctima.

Una relación ya sea de noviazgo o matrimonio debe llenarnos de felicidad. Un ejemplo es cuando vamos a ver a la pareja, debemos sentirnos felices y soñar con estar con él o ella, y pensar que vamos a ser muy felices al momento de llegar a una cita.

Buscamos con alegría estar bien presentados y arreglados, eso es señal de que estamos enamorados, pero si al llegar la hora de ir a verlo o verla tenemos miedo, no nos arreglamos, y sentimos que quisiéramos no llegar, esto es señal de que estamos en una relación tóxica.

Si llegamos tarde nos pueden preguntar qué pasó y nosotros debemos dar una explicación, pedimos una disculpa y eso es todo; la cita se vuelve hermosa, es lo mejor que nos puede pasar en ese día, convivir con la persona que nos ama. Pero si pedimos una disculpa y aun así toda la cita no nos hablan, nos rechazan o discutimos todo el tiempo, ese es un abuso emocional.

Cuando nos encontramos en una relación en la que nos hablan con malas palabras, nos ofenden, eso es abuso verbal. Llega a haber ocasiones en que hay relaciones en las que nos empujan, nos aprietan, e incluso nos llegan a dar un golpe, eso es abuso físico. Ninguna de estas situaciones deben darse, y menos en el noviazgo, porque si eso pasa en este tiempo que debe ser el más hermoso de nuestra vida, qué pasará en el matrimonio, cuando ya hay más presión y estrés. Las personas a veces se presentan con nosotros con una bonita cara, una buena imagen, muy arregladitos o arregladitas y a veces hasta con muchos recursos económicos, pero con el tiempo nos vamos a dar cuenta de su verdadero carácter.

Nosotros también debemos pensar y meditar mucho en cuanto a lo que queremos de la persona con la que viviremos, ya que será en la misma casa y por el resto de nuestra vida, eso es muy importante. La persona con la que salimos en una cita no es solamente para divertirnos, debemos estar bien conscientes de que es la persona con la que vamos a compartir nuestra vida, por lo cual debemos de tener muy detallado el perfil de lo que queremos, de lo que estamos buscando, y no porque tengamos mucho apuro por tener novio o novia nos apresuremos a cometer el más grande error de nuestra vida.

Algo muy importante: Nosotros nos debemos preparar también para lo que estamos pidiendo, ya que lo que pedimos también lo debemos ofrecer. Ahorita hay mucha información en internet para poder capacitarnos en cuanto a superación personal.

A todos los solteros, tengan la edad que tengan, no se preocupen, es mejor estar solo que mal acompañado. Una relación tóxica se vuelve insoportable, destruye la vida de las dos personas. Todo llega a su tiempo y su compañero o compañera llegará. Esperen para que sean felices los dos, no permitan que nadie los lastime ni verbal ni emocional y mucho menos físicamente.

Les comparto una reflexión sobre una persona en un ciclo de daño y perdón:

Hoy recibí flores

No es mi cumpleaños o ningún otro día especial; tuvimos nuestro primer disgusto anoche y él me dijo muchas cosas crueles que en verdad me ofendieron. Pero sé que está arrepentido y no las dijo en serio, porque él me mandó flores hoy.

No es nuestro aniversario o ningún otro día especial; anoche me lanzó contra la pared y comenzó a ahorcarme.

Parecía una pesadilla, pero de las pesadillas despiertas y sabes que no es real; me levanté esta mañana adolorida y con golpes en todos lados, pero yo sé que está arrepentido; porque él me mandó flores hoy.

Recibí flores hoy y no es día de San Valentín o ningún otro día especial; anoche me golpeó y amenazó con matarme; ni el maquillaje o las mangas largas podían esconder las cortadas y golpes que me ocasionó esta vez.

No pude ir al trabajo hoy, porque no quería que se dieran cuenta. Pero yo sé que está arrepentido; porque él me mandó flores.

Recibí flores hoy y no era el Día de las Madres o ningún otro día especial. Anoche, él volvió a golpearme, pero esta vez fue mucho peor.

Pero si logro dejarlo, ¿Qué voy a hacer? ¿Cómo podría yo sola sacar adelante a los niños? ¿Qué pasará si nos falta el dinero? ¡Le tengo tanto miedo! Dependo tanto de él que temo dejarlo. Pero yo sé que está arrepentido, porque él me mandó flores hoy.

Recibí flores hoy, hoy es un día muy especial: "Es el día de mi funeral".

Anoche por fin logró matarme. Me golpeó hasta morir.

Si por lo menos hubiera tenido el valor y la fortaleza de dejarlo. Si hubiera leído el miedo en los ojos de mis hijos. Si hubiera aceptado ayuda profesional, ¡Hoy no hubiera recibido flores!

(Mariano Osorio)

Esta reflexión es para las mujeres que sufren violencia.

A continuación, una reflexión para los hombres que sufren violencia:

Hoy recibí un regalo, un te amo y un perdón

Era un día normal y de pronto recibí un regalo, un perdón, y un te amo, y es que anoche fue nuestra primera pelea. Ella me dijo frases hirientes, me corrió de la casa, pero recibí su regalo y me sentí muy feliz.

Otra vez viví un dolor muy grande; me empujó, me dejó de hablar y me mandó a dormir al sillón, pero en la mañana me despierta un regalo, un te amo y un perdón.

Hoy tampoco es un día especial, pero volví a recibir el regalo, el te amo y el perdón, y es que anoche me lanzó un sartén, me pegó en la cabeza y me mandó al hospital. Pasó una semana, volvimos a pelear, me humilló tanto que mi corazón ya no aguantó, un infarto fulminante acabó con mi amor. Pero en mi tumba había otra vez un regalo, un te amo y un perdón.

Si hubiera pedido ayuda, si al menos hubiera hablado, hoy estaría vivo y contando otra historia.

Vivir en paz es un derecho de todas las personas. Nadie por ningún motivo nos debe lastimar. Somos libres, necesitamos ser felices, y a veces por eso buscamos una pareja, para dar amor y que nos dé amor, pero si nos encontramos con una relación tóxica, debemos pedir ayuda, ya sea profesional, religiosa o familiar. Es por el bien de los dos, ya que cuando una persona es agresiva es porque en su infancia fue dañada y necesita ayuda.

Los que aún no se han casado, escojan bien a su pareja y tengan cuidado, ya que van a vivir con ellos toda la vida. Los que ya estén casados, si viven violencia, no la permitan; busquen ayuda para los dos, los dos son importantes. La pueden encontrar con psicólogos, en iglesias y a veces con familiares de confianza. Pero nunca pasen por alto una señal de violencia.

Un ejemplo de vivir una vida de felicidad en pareja es caminar de la mano y pensar que solo con eso podemos ser felices, con estar con la persona que amamos. El amor es contar los minutos que faltan para verse, es soñar con la casa donde vamos a vivir, es querer ser mejores personas, es recibir una tarjeta con la misma ilusión que causaría un regalo costoso, es poder cambiar la realidad cuando pensamos en ellos. Una relación así es hermosa y cuando pase el tiempo ustedes se van a dar cuenta que ese amor; es y será el recuerdo más hermoso que tengan en su vida, y les ayudará en los momentos difíciles.

El amor y la vida son maravillosos, sólo hay que buscar bien el camino por dónde vamos a encontrarlos. Por eso, seamos felices en el presente, no permitamos el abuso en nuestras vidas y mucho menos nosotros seamos los que abusamos de alguien.

Señales de alerta

(en nosotros mismos o en nuestra pareja)

- Querer todo para uno mismo
- Falta de empatía
- Violencia
- Querer la atención solo para uno mismo
- No sonreír
- No conformarse con nada
- Discutir mucho tiempo un mismo tema

Estos son algunas de las señales de que tenemos un problema y necesitamos ayuda. ¿Dónde encontramos la ayuda? Si son creyentes, hay que acercarnos más a Dios en iglesias y con alabanzas o leyendo la Biblia. Si no somos creyentes, con psicólogos, terapeutas, familiares de confianza y con videos del tema relacionado.

Ser felices es más fácil que siempre estar peleando; ser felices es encontrar la paz que la vida nos puede dar. Necesitamos quitarnos la amargura perdonando, amando, cantando, sonriendo somos seres importantes; hombres y mujeres somos iguales. Debemos dar y pedir respeto, amor y amistad, y nunca permitir la violencia.

Cómo evitar el abuso narcisista

Este abuso se da en hombres y mujeres. Este nombre se da porque hay un personaje llamado Narciso, cuya historia cuenta que se creía el más hermoso de todos. Al ver su reflejo en el agua, se enamoró de él y a la hora de querer buscarlo, se ahogó.

Desde la psicología clínica, el abuso narcisista se asocia con individuos que presentan trastorno narcisista de la personalidad. Estas personas suelen mostrar:

- Necesidad excesiva de admiración
- Falta de empatía
- Sentimiento de superioridad
- Tendencia a explotar a otros para alcanzar sus propios fines

Cuando estas características se expresan en una relación de pareja pueden derivar en un patrón de abuso emocional crónico.

Todos somos de gran valor, pero ninguno es más ni menos que el otro. La autoestima es muy importante, pero hay que evitar llegar a la vanidad y al orgullo. Si detectamos esta conducta a tiempo podemos ayudarnos a nosotros mismos y a los que nos rodean.

En la actualidad hay una oportunidad con la psicología y la programación neurolingüística, que nos ayudan a olvidar el dolor, el rencor, reprogramando nuestros pensamientos para empezar una nueva vida. Hay que entender que la manipulación, el sometimiento y el dominio de un ser humano, sea hombre o mujer, no es de Dios ni del universo, y a veces es incluso un delito.

Seamos libres y dejemos ser libres a los demás, así lograremos ser felices y evitar el abuso narcisista. Si alguien necesita ayuda emocional, nosotros podemos sugerirles un programa que nos parece muy innovador, se llama "VoyBien". Son un grupo de profesionales que ven la salud integral de una manera comprometida y amable. De su mano tendrás la confianza para dar el primer paso hacia una nueva vida de paz y felicidad. Tú eliges a tu terapeuta o psicólogo, así como la fecha, la hora y el precio; todo es en línea.

Esta es la información de contacto:

www.voybien.com

WhatsApp: +52 77 7181 3248

Otro contacto también de una profesional comprometida y con mucha experiencia es el de la Psicóloga Ruth Alejandrina Ramírez Garza:

WhatsApp: +52 81 2432 0666

También les puede ayudar Andrea Moreno (Soy Mujer Cuántica)

Cel: +1786 942 0593

Señales del abuso narcisista

- Manipulación

- Control y dominio

- Aislamiento social (causar que la pareja se aleje de amigos y familiares)

- *Gaslighting* (hacerte cuestionar tu propia realidad)
- Hacerte sentir culpable
- Sometimiento emocional y físico
- Robo de agencia
- Críticas y humillaciones
- Creer que ellos merecen todo

Cómo prevenir el abuso
- Educar a la sociedad sobre el abuso narcisista y sus efectos
- Fomentar la comprensión y la empatía hacia las víctimas
- Promover igualdad y justicia en las relaciones sociales y familiares
- Educar en casa con igualdad de género

Cómo salir del abuso
- Reconocer que es abuso
- Establecer límites
- Priorizar tu seguridad

- Educarse con videos
- Ir al psicólogo
- Buscar estrategias para controlar el estrés y la ansiedad

En los materiales extra de este libro encontrarás un "Test de abuso narcisistas" que te ayudará a identificar si tú o tu pareja son víctimas o perpetuadores de esta violencia.

Sexualidad en el matrimonio

La sexualidad es muy importante en el matrimonio, y es ordenada por Dios. Yo creo que, si se hace en ese orden, es algo maravilloso y es un mandamiento de Dios, pero se debe practicar dentro del matrimonio de manera natural.

*Pero en el Señor, ni el varón es sin la mujer,
ni la mujer sin el varón.*

1 Corintios 11:11

*Y dijo Jehová Dios: No es bueno
que el hombre esté solo;
le haré ayuda idónea para él.*

Genesis 2:18

Maridos, amad a vuestras mujeres, así como Cristo amó a la iglesia, y se entregó a sí mismo por ella.

Efesios 5:25

Cómo evitar tragedias en los jóvenes

En la actualidad se escucha en los medios informativos de tragedias y estadísticas que no son alentadoras. Cada día hay más agresiones y el índice más alto es para las mujeres, lo que no quiere decir que lo hombres no sufran violencia. Sabemos de novios golpeando a sus novias, esposos quitándole la vida a sus esposas.

Cuando sucede algo así, no solo hay una víctima, pues si hay niños ellos también sufren, así como la familia de ambos, que pueden quedar destrozadas. Hay que pensar muy bien lo que hacemos y vivir de acuerdo con lo que queremos, porque si queremos una vida de paz y armonía y hacemos lo contrario, no vamos a tener la vida que queremos.

Atención, jóvenes varones, las leyes han cambiado y las sentencias en la cárcel se han modificado: ahora son más largas. La vida es hermosa, pero sin libertad duele, y si llegasen a caer en esto aun allí pueden arrepentirse y pedir perdón, y Jesucristo los escuchará y los liberará. Aunque es mucho mejor nunca llegar a esos lugares. Mejor aprendan una frase, que decían los bisabuelos, "a la mujer no se le toca ni con el pétalo de una rosa". En ese tiempo lo decían porque la mujer era lo más valioso para el hombre, ahora también cuídenlas, ámenlas, valórenlas como seres humanos, pues eso es lo que son. Jesucristo nos invita a perdonar todas las ofensas, así que perdonen y serán felices.

Sabemos que algunas mujeres ofenden, engañan, someten, y eso duele. Si estás viviendo una experiencia así, aléjate de ella, es para el bien los dos. Una persona tóxica solo destruye, y no es verdad que no se pueda olvidar a alguien, todo pasa y pronto llega una nueva persona sin problemas y tendrás frente a ti un futuro más brillante y pacífico, éxito en tu trabajo, salud y amor.

Ustedes, hermosas jovencitas, si alguien las daña, ofende o traiciona, no guarden rencor, no busquen venganza, hay varios ejemplos de personas que ahora están en el hospital, en la cárcel o han perdido la vida, y todo por nada. Los hombres son importantes y nos duele lo que hacen, pero cuando nos dañan tenemos que alejarnos. Jesucristo dice en Romanos 12:19:

"No os venguéis vosotros mismos, amados míos, sino dejad lugar a la ira de Dios; porque escrito está: Mía es la venganza, yo pagaré, dice el Señor". Si pasan por un dolor así, lloren un poco, levántense, váyanse y perdonen; la vida sigue, su nuevo galán ya está por llegar.

Si algún día tienen estas experiencias ya sean jovencitos o jovencitas, no se acerquen a los vicios, arruinarán su vida para siempre. Ustedes valen mucho, estudien trabajen y alcancen el éxito y vuelvan a la felicidad. El amor es maravilloso, pero no se puede forzar; si llega, denle la bienvenida, si se va, denle la libertad.

Podemos amar a quien nosotros queramos, pero no podemos obligar a alguien a que nos ame. Cuando estemos en pareja, sea de novios o esposos, no se vale la traición. El noviazgo y el matrimonio son compromisos, pero si por alguna razón muy fuerte ya no queremos continuar, hay que hablarlo antes de traicionar y tener otra relación.

*Así que, todas las cosas que queráis
que los hombres hagan con vosotros,
así también haced vosotros con ellos;
porque esto es la ley y los profetas.*

Mateo 7:12

DI NO A LA VIOLENCIA

En estos días, a causa del estrés y el abuso de la tecnología, hay mucha violencia entre las personas, y aquí te queremos decir que hay forma de evitarla:

- Respira profundo tres veces
- Cuenta hasta 10
- Llega a acuerdos amigables
- Sé tolerante
- Pide el orden divino
- Da el ejemplo con calma, sin gritar
- Ama tu vida
- Ama a los demás
- No veas series violentas
- Escucha buena música

- Lee buenos libros
- Perdona para que te perdonen
- Sonríe
- Vive tranquilo
- Regálate pequeñas recompensas
- Ayuda otros a encontrar la paz

El amor es sufrido, es benigno; el amor no tiene envidia, el amor no es jactancioso, no se envanece; no hace nada indebido, no busca lo suyo, no se irrita, no guarda rencor.

1 Corintios 13:4-5

Reprograma tus pensamientos y dile adiós a la violencia y al dolor

La vida se ha vuelto muy demandante, todo lo tenemos que hacer de prisa y no nos queda tiempo de meditar sobre nosotros: por qué no somos felices, por qué somos violentos, por qué gritamos, etc. A veces el dolor viene desde la infancia: cómo nos trataron de niños, nuestros padres, hermanos y maestros, si ellos nos ofendieron y no pudimos defendernos y ahora al pasar el tiempo siempre nos estamos defendiendo de todo con impulso, sin pensar las consecuencias; por eso hay jóvenes violentos, retraídos, dominantes, o perfeccionistas, que no pueden ser felices porque necesitan sanar esas heridas, necesitan reprogramar sus pensamientos y empezar una vida nueva, alegre, llena de amor.

A continuación, te dejamos unas sugerencias:

Orar: Si eres creyente, ora como tu sepas. La oración es una comunicación que podemos establecer cualquier día a cualquier hora.

Si no crees en Dios, puedes dar gracias al universo, ver y pensar en la naturaleza, ríos, flores, mariposas, y saber que tú eres parte de ella.

Ejemplo:

Padre Celestial te doy gracias por

_____.

Te pido que me ayudes a

_____.

Todo lo pido en nombre de Jesucristo.

Amén.

Alimentarte: Después de orar o pedir al universo, pensemos en nosotros, en que somos importantes, pensemos en que nuestra alimentación, sea lo más saludable posible: desayuno, comida, cena ligera dos horas antes de dormirnos. Preguntar al médico cómo tomar probióticos, lactobacilos o yogurt, pues son muy necesarios y el médico te dará instrucciones.

Dormir: Es importante que el sueño sea de calidad. Cuando vayamos a dormir hay que dejar nuestras preocupaciones.

Hay una historia de un hombre que cuando llegaba a su casa, en un árbol que tenía en la entrada de su casa, dejaba colgados todos sus problemas. La historia se llama, "El árbol de los problemas" y nos enseña a dejar nuestros problemas en ese árbol imaginario, y al siguiente día pasar por ellos.

Antes de dormir, digamos, "En mi mundo todo está bien y yo también", y a dormir.

Controlar la ansiedad: La ansiedad casi siempre es miedo al futuro; ¿cómo voy a resolver tantos problemas? Hoy te damos una sugerencia: anota en una hoja todos tus problemas y piensa cuál necesita resolverse con más apuro, ponle el número uno, y así con toda la lista. Ahora pásala en limpio, así te sentirás menos abrumado. Al llegar la noche, ponle una señal a lo que pudiste resolver, lo demás déjalo para el siguiente día y verás que todos de alguna manera quedaran resueltos.

Recuerda, tú eres más importante que tus problemas. ¡Ánimo!

Perdonar: Al perdonar nos liberamos de todo lo que nos hicieron. Es como tener un pajarito por muchos años en una jaula y al dejarlo volar nos damos cuenta que el pájaro somos nosotros; al perdonar somos completamente libres.

Superación personal: Ver videos de superación personal. Por ejemplo: Joel Osteen, Edmundo Velazco, Rafael Guía, Nilda Chiaravigilio, Dr. Sergio Perea (Dr. Chocolate), Edificando tu hogar 2479, Louise Hay, Desansiedad, VoyBien, etc.

Afirmaciones:

- No soy esclavo de mis miedos.
- Merezco ser feliz.
- Soy salud.
- Soy abundancia.
- Quiero, soy, puedo.

- Insisto, resisto y tengo éxito.

- Soy importante.

- Soy un hijo(a) de Dios.

Escrituras:

- "Todo lo puedo en Cristo que me fortalece" (Filipenses 4:13).

- "Pero los que esperan a Jehová tendrán nuevas fuerzas; levantarán alas como las águilas; correrán, y no se cansarán; caminarán, y no se fatigarán" (Isaías 40:29-31).

- "Antes, en todas estas cosas somos más que vencedores por medio de aquel que nos amó" (Romanos 8:37).

- "Mira que te mando que te esfuerces y seas valiente; no temas ni desmayes, porque Jehová tu Dios estará contigo en dondequiera que vayas" (Josué 1:9).

Estas sugerencias pueden ayudarte a cambiar tus pensamientos y, al cambiarlos, interpretamos lo que nos pasa diferente, nuestras palabras cambian y con ellas nuestras acciones. Así es como se cambia una vida de dolor y caos por una vida de paz y amor. Piensen lo bueno, lo honesto, lo virtuoso, todo lo de renombre, todo lo amable porque será lo que llegue a tu vida.

"Por lo demás, hermanos, todo lo que es verdadero, todo lo honesto, todo lo justo, todo lo puro, todo lo amable, todo lo que es de buen nombre; si hay virtud alguna, si algo digno de alabanza, en esto pensad" (Filipenses 4:8), "…y renovaos en el espíritu de vuestra mente, 24 y vestíos del nuevo hombre, creado según Dios en la justicia y santidad de la verdad" (Efesios 4:23- 24); así nos damos cuenta de que, desde hace mucho tiempo ya se podían reprogramar los pensamientos y empezar una nueva vida.

Este tema es muy extenso, pero lo podemos resumir así:

"Pensemos en lo que queremos, no en lo que no queremos." Ejemplo: si quiero salud, es necesario que piense que estoy sano, que todo está bien, que tengo dinero y eso me llegará; pero si pienso que estoy muy mal, que me llevarán a un hospital, también eso me llegará, porque con los pensamientos modificamos nuestra realidad.

Yo no entendía esto ni por qué no progresaba, y siempre estaba enferma, y todos los días despertaba llorando, quejándome de todo, sufriendo, y era lo que me llegaba, lo mismo todos los días. Un día dije "basta", cambié mi forma de pensar, al despertar pensaba que todo estaba bien, que hoy ería un día maravilloso, y daba gracias por lo que tenía. Así todo empezó a cambiar.

Nosotros somos creadores de nuestra realidad; si pensamos triste llegarán tristezas; si pensamos en dinero, salud, alegría, eso tendremos. Piensen en lo que quieren. Véanlo, suéñenlo, agradézcanlo y pronto lo tendrán. No piensen en lo que no quieren, porque también esa falta la crearán. Jesucristo lo dijo: "No os engañéis; Dios no puede ser burlado: pues todo lo que el hombre sembrare, eso también segará" (Gálatas 6:7).

Una sugerencia para que cambien sus pensamientos: En una hoja anota todo lo que piensas que es difícil. Al otro lado escribe lo mismo, pero de manera positiva. Lo difícil táchalo o bórralo, y así lo negativo lo transformas en positivo. Ejemplo:

No tengo dinero, nunca tendré.
/Soy abundante, el dinero, llega a mí.

Estoy enfermo, ya no puedo más.
/Soy sano, la salud está conmigo.

Nadie me quiere, todos me dañan.
/Todos me quieren y soy feliz.

Este ejercicio transforma vidas porque nos mueve a cambiar nuestras creencias limitantes por nuevos pensamientos. Poco a poco verán grandes cambios en su vida; donde no había dinero, llegará, así como la salud también y el amor.

En los materiales extra de este libro encontrarás una "Hoja para cambiar vidas" para que empieces con tu propio cambio.

Sugerencias para ser más sanos y felices

- Al despertar, lo primero que hay que hacer es agradecer al Creador, al Universo, la oportunidad de vida de ese día, además de decirte a ti mismo que será un gran día y que podrás gestionar cualquier situación adversa que se te presente, que para eso tienes la capacidad. Hacer esto es empezar el día con la mejor actitud.

- Hacer ejercicio contribuye al mejoramiento físico y emocional. Hacer ejercicio moderado diariamente contribuye a sentir bienestar y empezar a mejorar tu construcción mental y por lo tanto levantar tu estado de ánimo.

- Aprender a respirar adecuadamente, pues generalmente respiramos de manera muy superficial y lo hacemos por la boca. Presta atención a tu respiración y trata de hacerlo a través de la nariz; haz respiraciones profundas, inhalando por la nariz y exhalando por la boca.

- Tomar agua al levantarse ayuda a activar los órganos internos, estar más hidratados y tener más claridad mental.

- La alimentación está muy relacionada con el estado de ánimo, así que aliméntate sanamente. Una deficiencia de nutrientes podría estar incrementando tus estados de ansiedad o depresión. Incluye en tu alimentación frutas, verduras, hojas verdes, frutos secos, semillas, carne con moderación, pescado, etc.

- Ríete mucho. Puedes elegir ver alguna buena película de comedia y reírte a carcajada abierta, esto ayuda a bajar el cortisol y subir la serotonina, creando una sensación de relajación y de bienestar.

- Tener amigos con quiénes platicar ayuda mucho a sentirse acompañado, comprendido, escuchado, además que igualmente puedes salir a divertirte con ellos y pasar buenos momentos de esparcimiento, generando así vínculos fuertes para toda tu vida.

- Tener un pasatiempo que te sientas animado a realizar día a día, ya sea leer un buen libro, ir al cine, escuchar música agradable, cocinar, caminar por la naturaleza, cantar, practicar algún deporte, etc., es darte espacio y tiempo para ti mismo y te da una sensación de bienestar.

- Ayudar a las personas en necesidad te ayuda a ver las cosas en perspectiva y darle valor a lo que sí tienes. Esto te hará sentir feliz a ti y a quienes ayudas, pues habrás hecho una diferencia en tu vida y en la suya.

- Ser consciente de lo que sí tienes ayuda a descentralizarte de tu ensimismamiento negativo. Empieza a escribir las cosas buenas que te suceden en el día y verás que cambias de actitud. Si aun así no logras percibir lo bueno, constrúyelo tú mismo, esto te sacará del victimismo y te harás responsable de lo que te sucede.

Ser felices es una decisión personal, tiene que ver con la forma de ver la vida. Hay que recordar que no es lo que nos sucede lo que nos hace infelices o amargados, sino cómo lo interpretamos (Psicóloga Ruth Alejandrina Ramírez Garza).

Valores universales

Estos valores son una guía que regula la conducta humana para vivir en armonía como sociedad:

- **Amor:** Es el sentimiento que tenemos por todo lo bello y bueno, incluyendo las personas.

- **Amistad:** Es el sentimiento que existe entre personas, casi nunca entre miembros de la misma familia.

Respeto: Es tratar a los demás como quieres que te traten.

Honestidad: Ser sincero en lo que haces y piensas.

Gratitud: Es ser agradecidos con Dios y las personas.

Responsabilidad: Es responder a todos nuestros actos, acciones y obligaciones de manera positiva.

Empatía: Es ponernos en el lugar del otro.

Confianza: Es la seguridad que uno siente con alguien.

Tolerancia: Es compartir una opinión sin imponer nuestra forma de pensar.

Justicia: Es dar a cada persona lo que le corresponde.

Los diez mandamientos

- No tendrás dioses ajenos delante de mí.
- No te harás imágenes ni te inclinaras a ellas, ni las honrarás.
- No tomarás el nombre de Dios en vano.
- Acuérdate del día de reposo para santificarlo.
- Honra a tu padre y a tu madre.
- No matarás.
- No cometerás adulterio.
- No robarás.
- No hablarás contra tu prójimo falso testimonio.
- No codiciarás.

La salud en el matrimonio

Hay cinco pilares para conservar la salud:

- **Dormir bien:** Este es muy importante, ya que mejora el entendimiento cerebral, y la salud completa. Es recomendable no ver televisión antes de dormir.

- **Comer sano:** Como siempre han dicho, come frutas y verduras, son saludables.

Si trabajas y no tienes tiempo de prepararlas, un consejo: en tu día de descanso puedes cortar varias frutas en pedacitos y guardar porciones para llevar al trabajo, lo mismo puedes hacer con las verduras. Así comerás sano mínimo cuatro días en la semana.

- **Hacer ejercicio:** Para ejercitarte no tienes forzosamente que ir a un gimnasio, si no tienes presupuesto o tiempo puedes hacer movimientos con los brazos y piernas, lo puedes hacer quince minutos al levantarte y quince minutos por la tarde. También puedes poner música y bailar, lo importante es mover el cuerpo.

- **Sonreír:** Si sonreímos es porque hemos perdonado y no tenemos rencor ni resentimiento con nadie. Esto nos hace ser felices y así mejorar nuestra salud.

- **Tener contacto con la naturaleza:** Si puedes ir al campo, es muy bueno, pero también a una plaza, a un parque, o si vives en una ciudad donde no haya nada de esto, busca en internet paseos virtuales. Y recuerda, lo que vemos es lo que sentimos.

Estar sanos es muy importante para disfrutar lo hermoso del matrimonio y también para soportar los desafíos que a veces se tienen que pasar.

Consejos de la abuela

- No duerman con calentadores prendidos.
- No cierren todas las ventanas.
- Si en invierno tu ropa huele a humedad, al lavarla agrega un puño de sal.
- No vean ningún tipo de monitor (celular, computadora, televisión) antes de dormir.
- Salgan a pasear a un lugar seguro.
- No duerman con el celular en la mano.
- No consuman latas golpeadas o infladas.
- Cenen tres horas antes de dormir.
- No salgan sin desayunar.
- Vean videos de superación personal.
- Escuchen música.

- Oren en la mañana y la noche.
- No se duerman disgustados.
- Perdonen para que sean perdonados
- Busquen a Jesucristo, es el mejor amigo.

CAPÍTULO 3
La nueva familia

Fiesta de bienvenida a la nueva familia

Esta fiesta o reunión se puede hacer un mes antes de la boda. Su propósito es que las dos familias se conozcan, y cada familia le dé la bienvenida a la pareja de su familiar. En esta reunión se ofrece un pequeño refrigerio, un refresco, un regalo de bienvenida para la novia y otro para el novio. La puede ofrecer una tía o una amiga bajo el siguiente programa:

Bienvenida a los asistentes

Juegos relacionados con conocerse (como el de la botella y que a quien le toque dice su nombre, comida que le gusta, ciudad de origen; *basta*, y que enumeren cosas que se necesitan en la cocina, recámara, patio; o juegos relacionados con la construcción de una casa)

- Bienvenida a la novia por la familia del novio
- Entrega de regalo
- Bienvenida al novio por la familia de la novia
- Entrega de regalo
- Refrigerio

Estas son solo sugerencias, cada familia puede usar su imaginación y experiencia para hacer de este evento algo inolvidable para las dos familias.

En los materiales extra de este libro encontrarás instrucciones para jugar dos juegos en familia.

Las familias de los novios

A veces no se da la importancia necesaria a las familias con las cuales vamos a convivir porque pensamos que somos autosuficientes y que no los vamos a ocupar. Esto pasa más cuando los novios ya tienen cierto nivel económico y una edad mayor, pero no es así. La verdad es que siempre vamos a tener que convivir tanto con la familia de la novia como con la familia del novio, y es mejor que desde el principio estemos familiarizados, ya que si nos llegamos a casar nuestros hijos formarán parte de las dos familias y tendrán la misma genética, apariencia y costumbres de las dos familias, por lo que es muy importante llevarse bien, el chico con la familia de la chica y ella con la familia de él.

Si no se llevan bien desde el principio, esto va a seguir así y va a traer graves problemas a esa relación, por lo que es importante desde el principio empezar a limar asperezas a tratar de ser amables con las familias, de buscarse y convivir, si es posible antes del matrimonio, para que en el nuevo hogar se formen cimientos sólidos y no desde el principio empezar con problemas que a la larga fracturarán la relación.

Algo importante también, en cuanto a las familias de los novios, es que siempre hay una pregunta: ¿qué le toca a la familia de la novia o qué le toca a la familia del novio? Y pues en tiempos pasados sí había asignaciones para cada familia, pero ahora, por lo regular, se alquila un salón y en el salón va todo un paquete. Lo más recomendable es que se pongan de acuerdo y cada uno pague la mitad de los gastos, si así lo deciden.

Las familias pueden hacer reuniones dónde puede haber dinámicas para conocerse, como saber el nombre, a qué se dedican, qué les gusta, la música, comida, paseos, etc. Estas reuniones son muy bonitas e importantes, ya que acercarán tanto a los novios como a las familias a conocerse más, será más agradable, y en el futuro, cuando lleguen los nietos, las familias ya se conocerán muy bien.

En los días festivos, como es Navidad, Día del Amor y la Amistad, cumpleaños, Día de la Madre o del Padre, es muy recomendable que el novio y la novia busquen dar obsequios, aunque sea pequeños, a sus próximos familiares políticos, y los padres también deben hacer lo mismo en esas fechas especiales, deben preparar un detallito al novio o a la novia de sus hijos.

Esto ayudará a que la relación se haga cada vez más firme y feliz.

Después de la boda

Después de la boda viene la luna de miel, el periodo más hermoso de la vida matrimonial. No hay responsabilidades, no hay que trabajar, y pensamos a veces que es como en los cuentos, "y vivieron felices por siempre", pero no es así. La vida matrimonial tiene cinco etapas, cada una hermosa e importante:

1. **Adaptación:** Comprende aproximadamente tres años. En esta etapa la pareja empieza un nuevo sistema de vida en el que unirán sus culturas. Para que esta etapa tenga éxito se necesita que entre la pareja haya comunicación y negociación, paciencia, respeto, confianza y tolerancia.

2. **Consolidación:** Dura de cuatro a diez años. Ocurre cuando llegan los hijos y se empieza a sentir la responsabilidad. En esta etapa hay que estar muy atentos porque es cuando quien cuida el hogar y a los hijos quiere que ya llegue quien trabaja para que le ayude, y el que trabaja desea que su pareja lo espere con sus zapatillas de descanso porque ya

no puede más. En esta etapa hay que pedir ayuda de familiares, amigos, vecinos, etc., ya que los dos tienen razón.

3. **Transformación:** Esta pasa entre los diez y veinte años de casados y casi siempre coincide con la adolescencia de los hijos; es cuando la pareja necesita unirse más para que los problemas de los hijos no rompan la unión matrimonial.

4. **Estabilización:** Se presenta entre los veinte y treinta y cinco años de casados. Este periodo es hermoso, pero a la vez triste, porque es cuando los hijos se van, la casa se queda en silencio y es difícil enfrentar el cambio, pero no dura mucho.

5. La última etapa es después de los treinta y cinco años de casados. Los que llegan aquí ya han alcanzado un éxito total; ya se conocen, se comprenden, y pasan más tiempo juntos. Esta etapa de soledad y silencio dura poco, pues llegan los nietos y vuelve la alegría y ruido a la casa.

Les comparto la poesía del sembrador, en ella se reflejan las etapas del matrimonio:

El sembrador

En tu juventud sembraste alegrías, todo era risas e ilusión. Pasaron los años y llegaron los hijos; sembraste amor, canciones de cuna y fiel protección.

En tu camino de sembrador encontraste cardos, piedras y espinos, pero esto te dio más fuerza para seguir sembrando ejemplo a tu derredor. Fue un tiempo de mucho trabajo, de grandes logros al ver tus semillas brotar y crecer. Tus semillas fueron tus hijos que tanto cuidaste del sol y el dolor. Y tus hijos crecieron como grandes árboles junto a un río.

Ahora tus manos y pies, cansados de tanto sembrar, detienen un poco su andar, y meditas tu vida de tanto luchar. Piensas que ya es tiempo de descansar, que te espera tu mecedora que no has podido usar, y que ahora la siembra será de paz y tranquilidad, y cuando todo parece acabar, la vida llega de nuevo y tus semillas debes sacar. Llegan tus nietos que junto a ti quieren sembrar.

Los hijos

Después de un año o más de casados, si así lo deciden, llegan los hijos y con ellos mucha alegría si los están esperando y deseando. Pero a veces pasa que se anuncian cuando no los están esperando, y es entonces cuando la pareja necesita hacer arreglos y adaptarse, porque, aunque lo estén esperando o sea una sorpresa, un hijo es una bendición. Yo opino que un bebé, desde su concepción, ya es un hijo de Dios, y se debe esperar con mucho amor.

Si el caso fuera de una madre soltera o una pareja sin recursos económicos, pueden pedir ayuda al DIF en México, en iglesias, o a familiares con más experiencia. Si son creyentes oren mucho a Dios cuando vaya a nacer un nuevo ser; si no son, pidan al universo para que reciban, sus vibraciones. Un bebé necesita mucho amor desde antes de nacer.

CONTACTO DIF

Ciudad de México: 55 5559 1919

Nuevo León: 81 2020 8400

Aguascalientes: 44 9910 2585

Puebla: 22 2229 5200

Estos son los números de contacto de algunos estados. Si no está el tuyo, búscalo en internet, y si eres de otro país, busca la ayuda que tu gobierno ofrezca para familias.

La salud de la familia

- **Alimentación:** de preferencia, comer fruta, verduras, semillas, agua y poca carne.

- **Ejercicio:** caminar, correr, hacer rutinas sencillas.

- **Comunicación:** decirnos palabras de amor y respeto.

- **Confianza:** creer que Dios tiene el control de todo.
- **Entretenimiento:** cantar buenas canciones, alabanzas, himnos; escuchar buena música.

- **Descanso:** dormir ocho horas diarias.
- **Aseo:** limpieza personal y del hogar.

"También debes saber esto: que en los postreros días vendrán tiempos peligrosos" (2 Timoteo 3:1), y para estar protegidos de todo debemos empezar una nueva vida y creer en Jesucristo. Nuestro hogar debe ser un lugar dedicado a Dios para que nuestros hijos sean bendecidos por Él.

Porque te extenderás a la mano derecha y a la mano izquierda; y tu descendencia heredará naciones, y habitará las ciudades asoladas.

Isaías 54:3

Instruye al niño en su camino, y aun cuando fuere viejo no se apartará de él.

Proverbios 22:6

CAPÍTULO 4
El hogar

*E*n este capítulo encontrarás sugerencias para llevar la vida de un hogar. Desde la limpieza, recetas de cocina, presupuestos y listas de mandado hasta medicinas para urgencias y oraciones.

Cómo construir un hogar feliz

Para construir un hogar, lo primero que se necesita es que la pareja esté llena de amor y tenga sus metas definidas, que lleguen a acuerdos en lo que van a construir y que todo esto tenga el cimiento del amor de Jesucristo. Los mejores materiales para construir un hogar son amor, perdón, paz, trabajo, salud, armonía y acuerdos.

Ten ahora a bien bendecir la casa de tu siervo, para que permanezca perpetuamente delante de ti; porque tú, Jehová Dios, lo has dicho, y con tu bendición será bendita la casa de tu siervo para siempre.

2 Samuel 7:29

Pasos para construir un hogar de amor

1. Oración: crea un rincón de oración donde puedas estar a solas y decóralo. "La oración del Justo puede mucho" (Santiago 5:16).

2. Música: música positiva, himnos, alabanzas cristianas, música instrumental.

3. Limpieza: limpia un cuarto, luego otro; vende, regala o tira lo que no uses.

4. Lectura: crea un lugar al alcance toda la familia; decóralo, coloca escrituras en la pared, ten tu Biblia, una libreta y colores a la mano.

5. Lenguaje: utiliza palabras de amor, no digas malas palabras. Dios todo lo escucha.

Bendice tu hogar

En estos días de tantos problemas, podemos bendecir el hogar, esto lo puede hacer el padre arrepintiéndose y pidiendo a Jesucristo el poder para hacerlo. Para bendecir el hogar la pareja debe estar unida y de acuerdo.

Otra vez os digo, que, si dos de vosotros se pusieren de acuerdo en la tierra acerca de cualquiera cosa que pidieren, les será hecho por mi Padre que está en los cielos.

Mateo 18:19

Para bendecir el hogar se hace una oración. Ejemplo:

En el nombre del Padre, del Hijo, y del espíritu Santo, bendigo este hogar para que todo lo malo se salga y que reine el Espíritu Santo, en el nombre de Jesucristo. Amén.

Agradece

Necesitamos agradecer por todo lo que tenemos. El Señor ama a los hijos que agradecen.

Una forma de agradecer por el hogar es mantenerlo limpio, lavar ropa, hacer comida, etc. Agradece también tu trabajo y sé feliz haciéndolo.

Al final de este libro, en los materiales extra, encontrarás listas de productos indispensables para el hogar, machotes para hacer horarios de limpieza, llevar el presupuesto y menús de la semana, recetas de cocina, citas bíblicas para mantener un hogar bíblico, oraciones y más.

Cómo conseguir dinero en tiempos difíciles

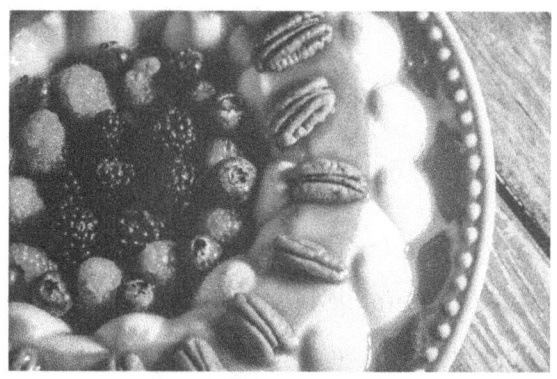

Lo primero es pedir ayuda a Dios y que Él nos oriente en qué podemos hacer. Segundo, no desespérarnos, todo lo malo pasa y este tiempo difícil también pasará.

Después de orar hay que pensar qué le podemos vender a las personas que vivan cerca de nuestra casa; ejemplo: chiles rellenos, tamales, postres, jugos, etc., productos de belleza Natura, Mary Key, Avon, Zermat, etc., productos de cocina Tupperware, Kitchen Fair, etc., productos de limpieza como escobas, trapeadores, tinas, etc., productos de salud como pomadas, Herbalife, Shelo Nabel, etc., ropa como delantales, secadores, shorts, tapabocas, etc., o productos promocionales como tazas, libretas, playeras, gorras, etc. Para todo hay que hacer los pedidos antes, para no preparar comida que no se venda.

No te endeudes

Los créditos no son recomendables, y menos si se usan para cosas que no son importantes, porque nos esclavizan. Podemos pedir crédito para una casa o un carro, teniendo siempre cuidado en las condiciones que nos pongan.

Si somos creyentes, podemos pedir a Dios que nos ayude, en Filipenses 4:19 nos dice: "Mi Dios, pues, suplirá todo lo que os falta conforme a sus riquezas en gloria en Cristo Jesús", y en Salmos 37:21, "El impío toma prestado, y no paga; mas el justo tiene misericordia, y da".

El rico domina a los pobres, y el que toma prestado es esclavo del prestamista. En Proverbios 22:7 dice, "El rico se enseñorea de los pobres, y el que toma prestado es siervo del que presta", y en Filipenses 4:13, "Todo lo puedo en Cristo que me fortalece".

Cuando pedimos un préstamo solo pensamos en la cantidad que nos van a prestar, pero nunca pensamos en los intereses, que con el tiempo suben mucho y a veces no podemos pagar. Si somos creyentes, pidamos a Dios y con fe pronto tendremos lo que queremos. Si no somos creyentes se pueden hacer tandas con amigos o familiares; entrar a una caja de ahorro que tenga referencias o ahorrar en un banco una cantidad semanal.

Lleva un presupuesto

Siempre lleva un presupuesto de lo que ganas y lo que gastas. Bendice tus ingresos y paga tus cooperaciones si vas a alguna iglesia, de esa manera siempre tendrás lo necesario para vivir.

No tengas peleas

Necesitamos estar unidos como familias, esposos, y compañeros.

La blanda respuesta quita la ira;

Mas la palabra áspera hace subir el furor.

Proverbios 15:1

Quítense de vosotros toda amargura, enojo, ira, gritería y maledicencia, y toda malicia.

Efesios 4:31

Necesitamos, como matrimonio, estar de acuerdo en todas las cosas. Cuando no sea así, conversemos y lleguemos a un acuerdo. Una sugerencia para no pelear es poner un cartel que diga: "EN ESTA CASA VIVE JESUCRISTO, Y NO PELEAMOS". Enseñemos a nuestros hijos a no pelear.

Pero desecha las cuestiones necias e insensatas, sabiendo que engendran contiendas. Porque el siervo del Señor no debe ser contencioso, sino amable para con todos, apto para enseñar, sufrido.

2 Timoteo 2:23-24

Comparte el evangelio y la paz con el mundo

Hay tantas personas sufriendo que es necesario compartir con ellos que Jesucristo, el Padre, y el Espíritu Santo viven, si así lo creemos, y que pueden recibir de ellos bendiciones. Si no creemos en Dios, podemos compartir los valores y las leyes universales, que todos somos luz y que la armonía y la paz son la forma de tener un mundo mejor.

¿Cómo lo podemos hacer?

- Folletos
- Llamadas
- Mensajes de WhatsApp
- Cartas
- Facebook
- YouTube
- Salir a compartir
- Orar por enfermos (físicos, mentales o emocionales)
- Hacer canciones con temas de superación

El lenguaje que necesitamos usar en un hogar

*El hombre bueno, del buen tesoro de su
corazón saca lo bueno;
y el hombre malo, del mal tesoro
de su corazón saca lo malo;
porque de la abundancia del corazón
habla la boca.*

Lucas 6:45

*La lengua apacible es árbol de vida;
mas la perversidad de ella es
quebrantamiento de espíritu.*

Proverbios 15:4

Uso de la tecnología

En los últimos días se profetizó que el conocimiento aumentaría (Daniel 12:4), y que los sabios no podrían creer en Dios por que confiarían en su sabiduría (Romanos 1:22), y que la tierra estará llena del conocimiento de Jehová (Isaías 11:9).

La tecnología es muy buena, ya que, por medio de ella, el Evangelio se predicará a toda lengua, tribu y pueblo, y por ella obtenemos conocimiento., pero también puede llevarnos a la perdición si nos dejamos dominar por ella. Debemos tener orden en todo; un horario para uso de celulares, computadoras, *tablet*, etc.

BARRERAS PARA SANAR A LOS ENFERMOS

A veces oramos por la salud y no vemos resultados, pero no es que Dios no nos escuche, lo que pasa es que hay barreras que no hemos superado. Algunas de ellas son:

- **Falta de conocimiento:** Necesitamos conocer a dios y Jesucristo. Esto lo hacemos leyendo la Biblia y orando (Isaías 5:13, Oseas 4:6).

- **Falta de fe:** Necesitamos creer que Dios hace milagros (Efesios 3:12-13) y confesar ante Dios nuestros pecados y dejarlos (Proverbios 28:13).

- **Perdonar:** Necesitamos perdonar para que nos perdonen (Marcos 11:25).

- **Brujería:** No participar en brujería, tarot, ouija, rock pesado, vicios, alcohol, tabaco, etc.

- Tener ídolos (Miqueas 5:12).

- **Raíces de amargura:** Tener rencor y recordar lo malo que te hicieron (Hebreos 12:15).

Carta de Jesucristo

Hijo(a),

Son tiempos difíciles, pero estoy contigo; resiste, esto pasará y un día estaremos juntos. Yo también sufro; te mando señales, te mando profetas, y no me entiendes: necesitas arrepentirte, creer que yo soy el hijo de Dios, tu Salvador, tu Sanador, tu Señor, y te daré una vida nueva.

Te amo.

MATERIALES EXTRA

En esta sección encontrarás juegos, hojas para que hagas tu presupuesto, tus horarios de limpieza y de comidas, oraciones y más material de apoyo para construir un matrimonio y un hogar saludable.

MATERIAL DE APOYO PARA CAPÍTULO 1

Qué necesito para casarme

Preparativos para la fiesta o recepción

- Presupuesto[1] (se usa también pedir la ayuda de padrinos, que son parientes

---

[1] Para organizar la fiesta o recepción, lo puedes hacer de manera tradicional, buscando cada proveedor por separado, o de una forma más fácil, buscando en internet páginas que te ofrezcan paquetes con todo incluido.

a quienes se les designa la responsabilidad de ciertos elementos de la fiesta)

- Fecha de la boda
- Salón
- Lista de invitados
- Planificador de boda
- Decoración (mesa principal, centro de mesa, libro de firmas)
- Damas de honor
- Banquete (bebidas, platillo, postre)
- Pastel
- Fotografía y video
- Música (conjunto, música electrónica, luces)
- Flores.
- Pareja
- Vestido de novia
- Maquillaje y peinado

- Complementos (zapatos, perfume, accesorios)
- Traje
- Invitaciones
- Mesa de regalos
- Libro de firmas
- Recuerdos para invitados
- Despedidas de soltera y soltero
- Luna de miel

QUÉ NECESITO PARA MI NUEVA CASA

- Una casa (ya sea rentada, comprada o prestada)
- En la sala:
  - ◊ Sillones
  - ◊ Sillas
  - ◊ Mesa de centro
  - ◊ Mesa para televisión

- ◊ Una pantalla (chicha o grande)
- En la alcoba:
  - ◊ Cama
  - ◊ Algunos cuadros
  - ◊ Colcha
  - ◊ Sábanas
  - ◊ Cobijas si es invierno
  - ◊ Almohadas con sus fundas
- En el comedor:
  - ◊ Mesa
  - ◊ Sillas
  - ◊ Cuadros
- En la cocina:
  - ◊ Estufa de gas (aunque son más recomendables las de inducción o las eléctricas)
  - ◊ Sartenes
  - ◊ Cucharas

- ◊ Un estante o alacena para poner el mandado
- ◊ Licuadora
- ◊ Platos
- ◊ Vasos
- ◊ Cubiertos
- ◊ Cuchillos
- ◊ Tabla de picar
- En el patio:
  - ◊ Lavadero o lavadora
  - ◊ Pala y pico
  - ◊ Desarmadores
  - ◊ Pinzas de mecánico
  - ◊ Trapeador
  - ◊ Escoba
  - ◊ Tina de trapear
  - ◊ Tina de lavar

Esto es lo más indispensable para empezar un nuevo hogar, pero el listado irá de acuerdo con el presupuesto de la pareja. Pueden pedir ayuda a los amigos y familiares, y así, si les donan dinero o algún mueble, se convierten en tus padrinos.

MATERIAL DE APOYO PARA CAPÍTULO 2

Salud del matrimonio

Test de abuso narcisista

Tu pareja te hace creer que lo que piensas, sientes o entiendes no tiene razón de ser o no es parte de la realidad.

SÍ   NO

Tu pareja hace que dudes de tu salud mental

SÍ   NO

Tu pareja te habla constantemente con doble moral o mensajes escondidos; te dice una cosa y luego otra.

SÍ   NO

Tu relación te hace sentir ansioso(a) y sin energía.

SÍ   NO

Estas dejando de ser tú, y te cuesta trabajo sentirte motivado(a).

SÍ   NO

Dudas mucho de ti y cada día te sientes más inseguro.

SÍ   NO

Cuando percibes engaño y lo comentas, tu pareja te culpa.

SÍ   NO

El malestar que te causa tu relación hace que te aísles de tu entorno.

SÍ   NO

Tu pareja busca pelear por todo.

SÍ   NO

Esta prueba te hará ver si tu jefe(a), amigo(a), o tu pareja están ejerciendo sobre ti abuso narcisista. Entre más contestes que sí, más abuso estás experimentando.

Hoja para cambiar vidas

LO DIFÍCIL	LO FÁCIL

Así, dejando lo positivo y borrando lo negativo, empezarás una nueva vida llena de alegría, prosperidad y felicidad.

MATERIAL DE APOYO PARA CAPÍTULO 3

La nueva familia

Juego de la botella

Este juego es muy conocido. En esta ocasión, se va a girar la botella y a la persona que le toque la punta se le hará alguna de las siguientes preguntas:

- ¿Cómo te llamas?
- ¿Qué comida te gusta?
- ¿Qué tipo de música te gusta?
- ¿Dónde naciste?

Al terminar de jugar ya se habrán conocido un poco más las dos familias de los novios.

Juego de basta

Este juego también es muy conocido, solo le haremos unas adaptaciones: mencionamos artículos que se encuentren en las habitaciones de una casa. Se marca el tiempo, pueden ser cinco minutos o más, ustedes deciden. Al final, los que tengan más artículos en su hoja, ganan. Pueden preparar tres regalitos para primero, segundo y tercer lugar.

Ejemplo del juego: Donde dice "cocina" anotan qué hay en la cocina (sartenes, estufa, platos, vasos, cucharas, licuadora, etc.), y así en cada habitación. Al finalizar, los novios sabrán qué cosas van a necesitar en cada área de su nueva casa.

A continuación, dejamos el juego en una hoja aparte para que puedan sacar copias.

COCINA	RECÁMARA	COMEDOR	SALA	PATIO	Puntos
				Total:	

BASTA

MATERIAL DE APOYO PARA CAPÍTULO 4

El hogar

Lista de productos indispensables para el hogar

Víveres

- Arroz
- Frijol
- Azúcar
- Sal
- Galletas
- Miel, de abeja
- Mermelada
- Leche en polvo
- Harina de maíz

- Avena
- Manteca
- Polvo para hornear
- Cereales
- Frijol envasado
- Té de limón
- Sopa de pasta
- Puré de tomate
- Cubos de consomé
- Servilletas
- Agua embotellada
- Aceite de oliva
- Otro aceite
- Soya texturizada
- Carbonato
- Almendras
- Semillas
- Cacahuates
- Té de manzanilla

Productos adicionales

- Jabón de tocador
- Detergente para trastos

- Detergente para ropa
- Papel de baño
- Bolsas de basura
- Shampoo
- Cloro
- Bolsas para lonche
- Tela absorbente

Medicamentos

(Deben guardarse en un lugar fresco y seco. Recomiendo consultar al médico antes de ingerir medicamentos fuertes.)

- Paracetamol (dolor/temperatura)
- Naproxeno (dolor)
- Colchicina ácido úrico (gota)
- Alopurinol ácido úrico
- Butilhioscina (dolor de estómago/cólicos)
- Treda (diarrea)
- Omeprazol (gastritis/agruras)
- Suero
- Celestamine n.s. (alergias/asma)

- Aline nasal (nariz tapada)
- Aline oftálmico (infección de ojos)
- Vitacilina (infección en la piel)
- Árnica (bronquitis/dolor)
- Desenfriol (gripe)
- Carbonato (infecciones)

HORARIO DE LIMPIEZA DEL HOGAR

	LUNES	MARTES	MIÉRCOLES	JUEVES	VIERNES
1					
2					
3					
4					
5					
6					
7					

MENÚ DE COMIDAS DE LA SEMANA

	Lunes	Martes	Miércoles	Jueves	Viernes
Desayuno					
Comida					
Cena					

Hoja de presupuesto

Fecha: _____

Meta de ahorro mensual: $_____

Ingresos

Fecha	Fuente	Monto	Persona
Total ingresos:		$_____	

Gastos

Categoría	Descripción	Monto	Responsable
Vivienda			
Alimentación			
Transporte			
Servicios			
Ocio			
Otros			
Total gastos:		$_____	

Ahorros

Objetivo	Monto meta	Ahorro actual	Fecha meta
Fondo de emergencia			
Viaje			
Otros			

Resumen

Concepto	Total
Ingresos totales	$
Gastos totales	$
Ahorros	$
Balance final (ingresos − gastos − ahorros)	$

Recetas de cocina

Sopa de arroz

1. Lavas una tasa de arroz y lo dejas secar un poco.

2. En un sartén pones seis cucharadas de aceite, si es de oliva, mejor, si no, el que tengas.

3. Doras el arroz. Si lo quieres blanco, lo doras solo un poco; si lo vas a hacer rojo lo doras hasta que se vea amarillo. Tienes que menearlo si no se quema. Si tiene mucho aceite, se lo retiras.

4. Para hacer arroz blanco agregas zanahoria y chile morrón, cortados en cuadritos, o chícharos y elote.

5. Agregas dos tazas de agua y lo dejas cocer a fuego lento de 20-25 minutos.

6. Para el rojo puedes usar una salsa de dos jitomates, un pedacito de cebolla, un diente de ajo, y molerlo en la licuadora. Si no tienes los ingredientes, puedes usar medio cubito de consomé de tomate y agregarle zanahoria en cubitos.

Frijoles

1. Lavas medio kilo de frijol y lo pones en una olla grande, pues el frijol crece al hervir.

2. Le pones tres cuartas partes de la capacidad de la olla de agua y le agregas dos o tres hojas de laurel seco y los dejas cocer por aproximadamente dos horas.

3. Una hora antes de sacarlos le agregas cuatro dientes de ajo, un trozo de cebolla, una media cucharadita de sal, o a tu gusto.

4. Los dejas enfriar y ya los puedes consumir o los puedes moler y guisar con un poco de aceite. El resto lo guardas en un recipiente bien tapado, en el refrigerador, y te duran hasta tres días.

Tortitas de papa

1. Se cuecen tres papas por 45 minutos o un poco menos, de acuerdo con el tamaño.

2. Se enfrían, se machacan, se forman las tortitas.

3. A parte se baten dos huevos, primero la clara hasta que haga espuma y después se agrega la yema y se mezcla. Puedes poner sal al huevo.

4. Se pasan las tortitas por el huevo.

5. Se fríen en aceite.

6. Se sacan y se dejan escurrir en una servilleta.

7. Las sirves con un poco de salsa de tu preferencia.

Ensalada de pollo

1. Pones a cocer el pollo (yo lo lavo antes de ponerlo a cocer, es a tu gusto). Cuando empiezas a cocinar puedes comprar el pollo en partes para no ba-

tallar al partir un pollo entero. Para la ensalada se usa la pechuga, para el mole las piernas.

2. Para cocerlo le agregas agua, más de la mitad de la olla, le agregas un trozo de cebolla, cinco dientes de ajo, y si quieres un poco de cilantro bien lavado, porque el caldo que queda se toma como consomé.

3. Para la ensalada coces tres papas y tres zanahorias, y las picas en cuadritos. También puedes picar un poco de apio bien lavado.

4. Agregas una mayonesa chica (50 mg) al gusto, y luego el pollo en cuadritos o deshebrado.

Predicadores que dan consejos

- Ana Olondo Cash Luna
- Silvana Armentano Joel Osten

Canciones que te dan paz

- "Quiero cantar una linda canción", Marcos Witt
- "Quiero un corazón", William Romero
- "Color esperanza", Diego Torres
- "Alcanzar una estrella"
- "Sueño imposible"
- "Un joven galileo", Priscila Ángel

- "La felicidad", Palito Ortega
- "Tengo el corazón contento", Palito Ortega
- "Camina siempre adelante", Alberto Cortez
- "Enséñame, Señor", Benjamín Ortega
- "Sueño de libertad", Benjamín Ortega

Escrituras y frases

- "No temas, porque yo estoy contigo; no desmayes, porque yo soy tu Dios que te esfuerzo; siempre te ayudaré, siempre te sustentaré con la diestra de mi justicia" (Isaías 41:10).

- "Estamos en guerra, hay que pelear" (Anónimo).

- "Entonces me invocaréis, y vendréis y oraréis a mí, y yo os oiré. Y me buscaréis y me hallaréis, porque me buscaréis de todo vuestro corazón. Y seré hallado por vosotros, dice Jehová, y haré volver vuestra cautividad, y os reuniré de todas las naciones y de todos los lugares adonde os arrojé, dice Jehová; y os haré volver al lugar de donde os hice llevar" (Jeremías 29:12–14).

- "Y tomad el yelmo de la salvación, y la espada del Espíritu, que es la palabra de Dios;" (Efesios 6:17)

- "Creer en Dios es bueno, pero creerle a Dios es mejor" (Anónimo).

- "Todo lo puedo en Cristo que me fortalece" (Filipenses 4:13).

- "Porque yo Jehová soy tu Dios, quien te sostiene de tu mano derecha, y te dice: No temas, yo te ayudo" (Isaías 41:13).

- "Jesús le dijo: Si puedes creer, al que cree todo le es posible" (Marcos 9:23).

- "No temas, porque yo estoy contigo; no desmayes, porque yo soy tu Dios que te esfuerzo; siempre te ayudaré, siempre te sustentaré con la diestra de mi justicia" (Isaías 41:10).

- "Por nada estéis afanosos, sino sean conocidas vuestras peticiones delante de Dios en toda oración y ruego, con acción de gracias" (Filipenses 4:6).

- "Que anuncio lo por venir desde el principio, y desde la antigüedad lo que aún no era hecho; que digo: Mi consejo permanecerá, y haré todo lo que quiero" (Isaías 46:10).

Oración de sanidad

Padre Celestial, Señor Jesucristo, Espíritu Santo, en este momento vengo con un corazón agradecido por dejarme estar en su presencia. Vengo pidiendo por todos los enfermos en especial por

_____.

Para que, por tu infinito amor y poder, los enfermos alcancen la sanidad.

Perdona todos los pecados y ayúdanos a tener fe, a perdonar y a olvidar el pasado.

Recuerda cuando el leproso dijo, "Jesús, si tú quieres puedes sanarme", y Jesús respondió "Sí quiero". Padre Celestial, sabemos que quieres sanarnos. Manda al Espíritu Santo para que nos de ese regalo. Lo pedimos con todo el amor en el sagrado nombre de Jesucristo. Amén.

Oración de liberación

*En el nombre del Padre Celestial, Jesucristo
y el Espíritu Santo, pido la liberación de toda
atadura, vicios, miedos, pobreza, toda enfermedad, ansiedad, angustia, dolor, muerte,
y pido esto por la vida que Jesucristo nos
regaló. Declaro que somos libres de todo eso
y que por el poder del amor de Cristo y su
vida, que dio en la cruz, somos libres de esas
ataduras, vicios, enfermedades, dolencias,
ansiedad, pobreza. Si creemos en Jesucristo ya
no somos esclavos, nos volvemos libres,
y Él nos libera de todo eso porque ya pagó por
todo. Pedimos esta liberación en el nombre
de Jesucristo. Amén.*

Oración para hijos y nietos

En el nombre del Padre, de Jesucristo y el Espíritu Santo, encadeno ya todo lo malo que esté en mi hogar, en mi vida, en la vida de mis hijos y nietos, y declaro que toda maldición generacional queda cancelada y se rompe por el poder del sacrificio de Jesucristo y el amor del Padre Celestial, y el Espíritu Santo. En este momento establezco que este hogar es refugio temporal para mi esposo(a), mis hijos, mis nietos y demás generaciones, y pido fuerza para mantenerlo limpio tanto temporal como espiritualmente, y que lleguen a este hogar todas las bendiciones del cielo. Lo pido en el sagrado nombre de Jesucristo. Amén.

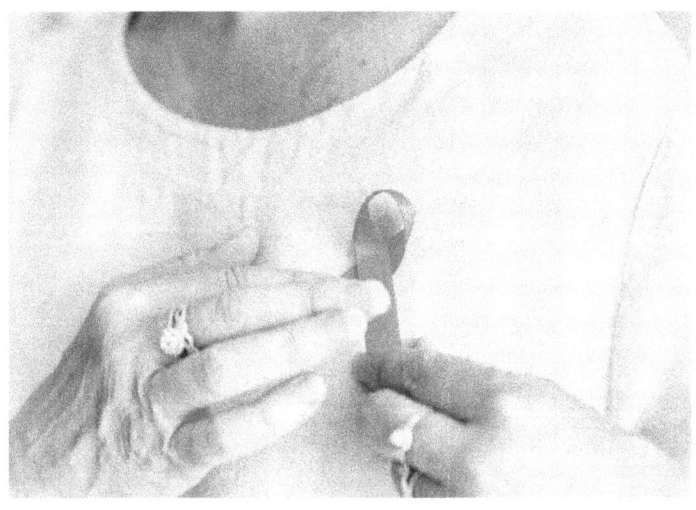

Oración para familiares y amigos

En esta hora, pedimos por amigos, familiares, vecinos y compañeros de escuela o trabajo que estén pasando por alguna enfermedad, falta de trabajo, dificultad o aflicción. Pedimos por todos ellos que reciban la salud y consuelo de Dios Padre, Jesucristo y el Espíritu Santo, y que reciban la paz.

Pedimos también por todos los niños para que sean bendecidos y protegidos de todo lo malo, que sus padres tengan sabiduría del cielo para educarlos y dirigirlos en el camino de Dios o en el camino de los valores universales.

Pedimos por todos los afligidos del mundo para que encuentren consuelo y sepan que, si creen en Jesucristo y se arrepienten serán salvos. Pedimos todo en el sagrado nombre de Jesucristo. Amén.

EPÍLOGO

Agradezco al lector que en estos momentos esté aquí, pues quiere decir que terminó el libro, ¡felicidades! Espero que ahora estés preparado para formar una nueva vida, y también, por qué no, para ayudar a otros jóvenes que estén próximos a contraer matrimonio.

Los personajes de esta historia son cada pareja de novios que pudieron aprender algo de lo que en cada página se escribió para ellos, y por lo tanto habrá muchos finales diferentes. Deseamos que todos sean felices.

No me despido, pronto tendrán noticias de un nuevo material de superación.

Un último consejo: cuando haya desacuerdos, tengan una fórmula para que todo vuelva al orden; cuenten 5, 4, 3, 2, 1, y digan, "Perdón. Te amo".

Siento como si ya los conociera; les dejo mi amor y bendiciones. Gracias.

AGRADECIMIENTOS

Gracias a Jesucristo, al Ingeniero Roberto Rojas Zavala, al Licenciado Roberto Josafat Rojas Solís, a la Licenciada Melissa Caballero, a la psicóloga Ruth Alejandrina Ramírez Garza, y a la Profesora Lorena Silva Salazar; me ayudaron mucho en la redacción de este libro.

Agradezco a Dios por haberme dado la oportunidad de escribir este libro que dedico a todos los jóvenes que estén haciendo preparativos para casarse o que recientemente han contraído matrimonio y que por las prisas de la vida no han encontrado la información necesaria para formar un nuevo hogar.

Si Jehová no edificare la casa,
en vano trabajan los que la edifican;
si Jehová no guardare la ciudad,
en vano vela la guardia.

Salmo 127:1

www.ingramcontent.com/pod-product-compliance
Lightning Source LLC
Chambersburg PA
CBHW071726090426
42738CB00009B/1892